AF562939

L27n
2944

LA

# PARESSE D'UN PEINTRE LYONNAIS

---

# LA PARESSE

# D'UN PEINTRE LYONNAIS

ESQUISSE

PAR

AIMÉ VINGTRINIER

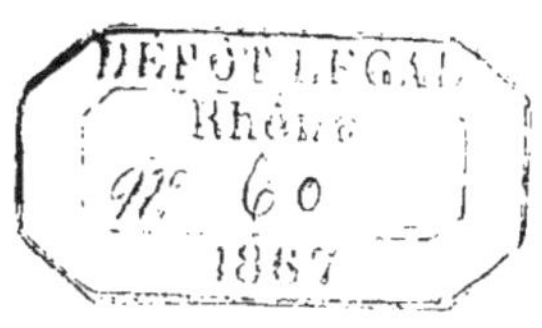


LYON
IMPRIMERIE D'AIMÉ VINGTRINIER
Rue de la Belle-Cordière, 14

1866

LA

# PARESSE D'UN PEINTRE LYONNAIS

Le monde est plein de réputations usurpées. Tel passe pour généreux qui n'est qu'un ladre; tel autre, aimable dans le monde, la coqueluche des salons, est chez lui d'une humeur atroce; un matamore, qui porte sous le nez des moustaches menaçantes, rougit quand on le regarde dans le blanc des yeux; un écrivain se fait modeste dans la préface d'un gros livre; le lecteur le prend au mot, et pourtant, ce n'est qu'un sot orgueilleux; tel héros, à qui on érige des statues, ne doit sa gloire qu'à une faute des ennemis, qu'à un ordre mal compris, à la pluie, à un ruisseau, à une migraine. Un jour, un commandant ne veut pas que sa division traverse son parc et ses domaines; il prend le chemin le plus long, arrive trop tard sur le champ de bataille; le général en chef est vaincu, l'armée est anéantie, l'empire est à deux doigts de sa perte et les ennemis victorieux passent pour d'invincibles conquérants.

A Paris, certains personnages jouent de la réclame avec un tel succès que les provinciaux abusés les regardent comme des illustrations, graine des gloires de la France et qu'ils ne prononcent leur nom que chapeau bas.

C'est à l'histoire à protester, quand par hasard ces noms surnagent.

Il est à Lyon un peintre qui, par contre, jouit de la plus détestable réputation, et celle-là aussi est usurpée ; son nom fait pousser des cris de paon à la jeune et ardente génération des barbouilleurs de toile : « Quel paresseux ! s'écrie-t-on en chœur, lorsque sa personnalité est en jeu. Du talent, c'est vrai ; mais il n'a rien produit. Deux toiles au Musée, voilà son bagage. On a fait du bruit autour de sa première œuvre, et puis, c'est tout. D'ailleurs, pourquoi eût-il travaillé ? il est riche. Comme le bonhomme Lafontaine il a passé la moitié de sa vie à dormir et l'autre à ne rien faire ; à quoi l'eût mené un plus rude labeur ? Au fond, il a bien fait. »

Pas un de nos lecteurs, pour peu qu'il s'occupe de peinture, pour peu qu'il suive nos expositions, n'aura besoin de demander le nom de cet exécrable fainéant. Le dernier rapin le connaît. Le voilà, c'est lui, c'est bien lui, c'est Claude-Anthelme-Honoré Trimolet !

Et, malheureusement, cette réputation, c'est bien un peu l'auteur qui se l'est faite. Dans une autobiographie publiée par la *Revue*, en 1850, M. Trimolet qui croyait railler, faire du paradoxe et broder une charmante plaisanterie à l'usage de son ami Châtelain, M. Trimolet s'amuse à parler de sa paresse innée, de son amour insurmontable pour la flânerie et le farniente ; il déclare qu'il ne fait rien, n'a rien fait et ne fera jamais rien ; mais la preuve qu'il n'en pense pas un mot, c'est que, dans sa notice goguenarde et railleuse, qu'il ne pouvait raisonnablement pas trouver mal écrite, il se plaint de ne pas savoir tenir la plume, de n'avoir ni intelligence ni esprit, de n'être en tout qu'un misérable singe et de n'avoir jamais essayé que ce qu'il ne savait pas faire. A cette bonhomie gouailleuse, à cette verve gauloise, le public avait bien compris que l'auteur se moquait, mais, pour se venger, il feignit de croire à cette prétendue paresse, et les mêmes bons lecteurs qui n'acceptèrent pas que M. Trimolet fût un écrivain rabâcheur et pesant, consentirent, sur sa parole et sans y regarder de plus près, à ne voir en lui que le plus paresseux des producteurs. Et voilà pourtant ce que penserait l'histoire, voilà ce que déciderait sans rémission la postérité si nous n'étions là pour protester, éclairer la justice de l'avenir et redresser les jugements du présent.

Né à Lyon le 16 mai 1798, M. Trimolet fut doté par dame Nature d'une timidité qui a fait le malheur de sa vie. Craintif, méfiant, doutant de lui, loin de courir après la célébrité, de suivre bruyamment les expositions et d'entretenir les journaux de ses succès et de sa gloire, il ne terminait une toile que pour en être profondément découragé, que pour cacher son œuvre comme un échec et pour en recommencer une autre avec persistance, ténacité et la même sombre tristesse.

Dans une note manuscrite que Boitel avait ajoutée à son exemplaire interfolié des *Lyonnais dignes de mémoire*, il avance, un peu légèrement, que le père de M. Trimolet avait été ferblantier-lampiste et que, peintre lui-même, il peignait les plateaux de café, les lampes et les porte-mouchettes. Quoiqu'il n'y ait rien de déshonorant à être lampiste, nous pouvons déclarer que M. Trimolet père n'a jamais exercé cette profession. Voici ce que nous lisons dans l'autobiographie de 1850 qui peut et doit faire foi :

« ... Mon père, autrefois dessinateur pour la broderie, avait quitté cette profession, perdue par suite de la Révolution française, qui abolit les vêtements ornés d'or et de soies aux brillantes couleurs, pour y substituer la simple carmagnole. Voulant utiliser le peu qu'il savait de dessin, il entreprit la peinture sur métaux, branche pour ainsi dire nouvelle, et à laquelle l'invention des quinquets donnait une assez grande importance. »

Comme l'erreur de Boitel peut être partagée, il est essentiel de la détruire. Il est certain que M. Trimolet a été tout uniment peintre sur métaux. Quant au jeune Anthelme, voici ce qui concerne son enfance :

« Tous mes goûts me portaient aux travaux manuels et mécaniques et je n'étais jamais plus heureux que lorsque je voyais travailler des menuisiers, des serruriers, des *ferblantiers*, des tourneurs ; j'aurais voulu qu'ils me donnassent la permission de me servir de leurs outils et de faire comme eux. Aussi, *en rentrant à la maison*, construisais-je mille choses remarquables par le peu de moyens que j'avais de les exécuter. »

M. Anthelme Trimolet n'a donc pas été plus ferblantier que son père.

« A dix ans, mon père me fit entrer à l'école spéciale de dessin de notre ville.... Timide et sournois, je grabottais mon papier sans goût.... J'accrochai, je ne sais comment, une mention honorable. Cet événement me réveilla.... Je passai à la classe de bosse où, sans y prétendre encore, je remportai le premier prix. Enfin, d'année en année, et sans jamais m'en croire digne, j'obtins les premiers prix des classes supérieures, jusqu'au laurier d'or, récompense de la meilleure production de la section de peinture.... »

Peut-on parler de ses succès avec plus de modestie ? Peut-on dire avec plus de méfiance de soi-même qu'on a remporté tous les prix de l'École des Beaux-Arts ? Nous connaissons peu d'hommes qui aient pratiqué aussi hautement la vertu de modestie ; il en est peu qui aient été pris au mot avec autant de promptitude et oubliés aussi malheureusement que notre ami.

Nous quittons l'autobiographie et nous allons essayer de suivre pas à pas les travaux de ce singulier paresseux. Notre œuvre est aride et nous demandons pour cette nomenclature toute l'indulgence de nos lecteurs.

M. Trimolet avait dix-sept ans. La médaille d'or l'exemptait du service militaire ; rien ne devait l'arrêter dans la carrière qu'il aimait. Il se mit à peindre avec passion. Sa première toile fut consacrée à sa famille. Il peignit en grand et en pied sa sœur, la palette à la main devant un chevalet... On a de Mme Marie Petit-Jean, née Trimolet, plusieurs tableaux estimés. Son *Premier exploit d'un chasseur* est au Musée de Lyon ; sa *Leçon de catéchisme* est au Musée de Douai ; les *Jeunes Savoyardes* chez son mari.

Après le portrait de sa sœur, Trimolet essaya la peinture d'histoire ; il fit une grande figure d'étude représentant le roi David pinçant de la harpe et chantant ses psaumes inspirés. En même temps, il fit quelques portraits en buste et, sa réputation grandissant, il se livra, quoique si jeune, à l'art difficile de l'enseignement.

En 1817, il entreprit le tableau de l'*Intérieur du laboratoire du docteur Eynard*, tableau qui, pendant deux ans, attira chez lui l'élite de la société lyonnaise, et qui, placé au salon de Paris, en 1819, y obtint la médaille d'or. Cette œuvre, au coloris si puissant et au fini si parfait, plaça son auteur au premier rang et contribua, autant que les œuvres d'aucun de ses camarades, à faire donner le titre glorieux d'École lyonnaise à l'enseignement du Palais Saint-Pierre et aux productions de notre sol.

Cette belle toile, qui égale ce qu'ont fait de mieux les peintres hollandais, dit le livret du Musée de Lyon, est dans la galerie des Artistes Lyonnais, au Palais-des-Arts. En 1830, l'auteur en fit une reproduction exacte qui est au Musée de la Martinière.

En 1820, M. le marquis Victor Costa de Beauregard, chambellan de S. M. le roi de Sardaigne, lui commanda un tableau représentant toute sa famille. Le rang des personnages, leur nombre, l'éclat des costumes, l'habileté de la composition, font de cette toile une œuvre magistrale. C'est de l'histoire et non du genre. Le moment choisi était la matinée du jour de l'an. Les étrennes motivèrent un nombre infini d'objets, un monde de détails qu'il exécuta, comme l'atelier du docteur Eynard, avec une prodigieuse puissance de pinceau et un fini désespérant.

Cette toile est au château de la Motte, près de Chambéry.

La vue de cette œuvre porta S. A. S. le prince de Carignan à lui demander un tableau historique représentant les *Députés du concile de Bâle offrant la tiare à Amédée VIII, premier duc de Savoie*. Ce vaste sujet, composé de figures nombreuses, ne fut terminé qu'en 1830. Il eut le plus grand succès à la cour de Turin, fut royalement payé, et valut à l'auteur, outre les compliments de la famille royale et les félicitations des grands, la jalousie des peintres piémontais, ce qui mit le comble à sa réputation.

Quoique M. Trimolet fût, dès cette époque, atteint d'une maladie de langueur qui ne lui permettait pas un travail de longue haleine, il n'en trouva pas moins la force et le temps d'exécuter, pendant l'achèvement de ses deux grandes toiles, une foule de portraits plus ou moins importants, plus ou moins compliqués, à mi-corps ou en pied, presque tous avec de nombreux accessoires qui caractérisent les modèles. Il n'exposait pas, mais il avait la vogue. Il fuyait l'éclat et le bruit, mais les hautes familles de la cité sollicitaient la faveur de poser devant lui. Ces toiles, conservées avec soin dans les galeries particulières, n'ont pas été soumises au jugement du public et à la critique des journaux ; elles ne grandiront le nom de l'artiste que lorsque le pinceau sera tombé de sa main et que l'art aura contemplé avec effroi la perte qu'il a faite.

Parmi ces tableaux, les principaux que nous connaissions, sont :

Le baron Chapuis de Grevoux, à son bureau.

L'abbé Petit, missionnaire, en contemplation devant le Crucifix.

M. Gensoul père, avec instruments de physique.

Le comte de Lezai-Marnésia, préfet du Rhône, ayant à côté de lui le modèle de la statue de Louis XIV.

Le baron Rambaud, maire de Lyon, en costume.

La comtesse de Vallier, en pied, robe de velours.

La marquise de Montaigu à son bureau.

Mme de Mondragon, sa fille ; robe de satin blanc.

Mme de Chambost.

Mme Revoil en costume suisse.

M. Balbis, botaniste piémontais, en pied, dans son cabinet.

M. de Saint-Olive père, en pied, avec accessoires.

M. Bruneau, en pied, accessoires.

M. et Mme Régnier, groupe, dans un atelier de peinture.

M. Germain, actuellement au Musée de Lyon.

M. Germain et son neveu, M. Alphée de Luvigne, en pied et tenant un bouquet.

M. Léopold Chéradame. Donné au Musée de Nantes par le duc de Feltre.

M. de Saint-Trivier avec attirail de chasse.

M. Charles Michel avec accessoires.

M. Didier Petit, historié.

M. Alexis, id.

Moins importants de travail, simples bustes, mais souvent avec les mains :

MM. Capelin, juge, en robe. — De Tournon, neveu du

préfet de Lyon. — De Leusse en Écossais. — D'Offerville. — Châtelain. — Fonville, peintre. — Dépierre. — Baron Paultrier. — Aimé Martin, homme de lettres. — Mme de Fouillouse. — Les deux demoiselles de Lacroix-Laval. — Mme de Permont. — Mme la comtesse de Sainte-Marie. — Mme de Parieu. — Mme Petit-Jean, née Ramadier. — Mlle Fanti, artiste italienne; en outre, une foule de toiles plus petites qu'il nous est impossible de rappeler.

D'autres portraits en grand ont révélé M. Trimolet sous une autre face. Le talent est modifié ; c'est une manière plus large et plus puissante ; la palette est plus grasse, le pinceau plus hardi. Le fini flamand fait place à l'empâtement italien. La couleur est toujours solide, la conscience et le travail sont les mêmes. Il n'y a pas d'à peu près, pas d'escamotage, pas de pochade ; mais l'horizon s'est élargi ; l'artiste est maître. Voici quelques portraits de cette seconde manière :

Le comte de Villers-Lafay, en pied, et en habit de général.
M. Alphonse de Boissieu.
M. Des Blins.
M. Charles, négociant.
Le comte Dacier en habit de député.
Portrait de l'auteur.
Portrait de Mme Trimolet, avec beaucoup d'accessoires.
Mgr Myolans, évêque d'Amiens.
Mme Grognier-Arnaud, orfévre.
M. Grognier-Arnaud.
La comtesse de Ruolz.
Le comte de Ruolz.
M. Jamot, entrepreneur.
Mme Bruneau, née Joly.
M. Joly, père.
Divers portraits pour la famille de l'auteur.

Outre ces portraits, qui indiquent une certaine activité, M. Trimolet a fait nombre de petit tableaux fort recherchés des amateurs et répandus dans les collections particulières.

Nous citerons :

Une Jeune fille au confessionnal.
Le Départ du conscrit.
Un Chevalier, armé de toutes pièces, une torche à la main, dans un souterrain.
Un Vieux Prêtre portant le Viatique. Deux figures.
Un Prêtre grec tenant les Évangiles. Trois figures.
Un Vieux savant devant un livre ouvert et entouré d'objets divers.
Un Chimiste.
Quantité de têtes d'étude et beaucoup de pastiches de Rembrandt, Ostade, Béga, etc.

Ici, nous touchons au côté le plus original de l'auteur. Nous avons dit que, timide et défiant, M. Trimolet n'était jamais satisfait de ses œuvres ; que le désespoir le prenait à la vue de chacun de ses tableaux terminés ; que, devant l'impuissance de sa main à rendre ce que concevait sa pensée, il était toujours prêt à étouffer sa progéniture et à dévorer ses petits. Heureusement pour l'art, qu'il n'a pu se livrer à son penchant aux dépens des œuvres commandées, surtout si elles étaient payées d'avance ; mais il a pu se contenter sur les toiles qui lui appartenaient et, tandis que la plupart des peintres s'extasient sur leurs chefs-d'œuvre, il a, que la postérité lui pardonne, il a déchiré, anéanti les grandes toiles suivantes, lorsque terminées à peine, il trouvait que son pinceau avait trahi son génie :

Louis XIV, M^me^ de Maintenon et Mignard.

Henri IV et Sully chez la veuve du tanneur.
Turenne et Bossuet.
La Tentation de saint Antoine.
Un Alchimiste.

Cinq toiles magistrales disparues! Est-ce modestie ou orgueil? L'art lui reprochera-t-il ce sacrilége et ne lui demandera-t-on pas compte de ces actes dignes d'Érostrate et des Vandales? A notre avis, M. Trimolet n'avait pas le droit de porter la main sur ces tableaux; nous ne comprenons pas que des amis n'aient pas arrêté sa main. Ce qui reste fait déplorer la perte de ce que nous n'avons plus.

Enfin, hier encore, malade, mais courageux. il faisait, d'après des photographies, les portraits de personnages décédés et les familles attristées de M. le docteur Rougier, de MM. Régnier et Bocquet admiraient avec quelle magie de pinceau l'artiste avait rendu la vie à leurs chers et regrettés défunts. Il fallait de l'ardeur pour entreprendre cette tâche, plus que du talent pour en sortir à son honneur.

Cent portraits, un nombre infini d'aquarelles à figures, de la peinture d'histoire, de la peinture de genre, de la lithographie, de la gravure à l'eau forte et au burin, de la sculture en ivoire et en bois, voilà le bagage du flâneur qui nous occupe. N'est-ce pas assez? Eh bien, ce n'est pas tout.

Archéologue, numismate, collectionneur, toujours à la piste de quelque antiquité, à l'affût devant les boutiques de bric-à-brac, toujours en admiration devant quelque objet curieux, il achète, raccommode, répare, classe, arrange, essuie, époussette et s'énamoure comme un homme de vingt ans; d'ailleurs tout lui est bon. Gravures avant la lettre, épreuves de choix, nielles, émaux, médailles, armes, faïences, orfévrerie, meubles, ivoires, tout a la puissance de faire battre son cœur. Mais cet amoureux de l'antique et du rare ne l'est pas à la légère. Nul n'a le tact plus fin pour découvrir une supercherie ; nul ne désespère plus ni mieux les marchands roués ou de bonne foi en leur prouvant que la pièce qu'on lui offre est fausse, que l'imitation pour être parfaite n'en est pas moins une imposture, et nul n'eût été plus digne de jeter à la face d'un brocanteur le mot célèbre : — Ça? un Rembrandt?.... c'est un.... Comment vous appelez-vous? —

Servi par une mémoire prodigieuse et une étude incessante, il est antiquaire comme le héros de Walter Scott. Ses voyages à travers les divers Musées de l'Europe l'ont merveilleusement initié aux mystères de la peinture et aux procédés employés par chaque maitre; aussi ses toiles retouchées, ses tableaux rentoilés peuvent-ils défier l'œil du connaisseur, tant le faire primitif est imité, tant le coup de pinceau est celui de l'auteur. Vieilles toiles, vieux meubles, vieilleries de toutes sortes, antiquités à réparer avec un art inoui, voilà sa vie, sa passion ; son esprit est toujours tendu, sa main toujours occupée. Il publiait hier un travail d'un haut intérêt *Sur la Peinture et sur les matières employées par les peintres ;* ajoutons qu'il fait les vers avec une élégance, une finesse et un mordant inconnus à nombre d'académiciens, et ne nous gênons pas pour lever les épaules quand, sous les marronniers de Bellecour, nous entendrons, renversés sur leurs chaises et le binocle à l'œil, deux gandins se dire l'un à l'autre :

— Tu vois bien ce grand Monsieur, là bas? eh! bien, c'est un paresseux.

www.ingramcontent.com/pod-product-compliance
Lightning Source LLC
LaVergne TN
LVHW010300230826
846091LV00007B/3068

* 9 7 8 2 0 1 2 4 7 7 7 9 7 *